AF586633

ORDONNANCE DU ROI,

Pour former les Bataillons de Milice en Régimens Provinciaux.

Du 4 Août 1771.

DE PAR LE ROI.

SA MAJESTÉ connoiſſant le mérite & la fidélité des ſervices qui lui ont été rendus par le corps de la Milice dans toutes les circonſtances, & particulièrement, par les régimens de Grenadiers-royaux dans les deux dernières guerres; deſirant donner des marques de ſa bienveillance à ce Corps formé par une partie ſi précieuſe du peuple François, & lui procurer les moyens de donner des preuves encore plus fortes de ſon zèle, & de rendre tous les ſervices qu'on doit attendre d'une auſſi bonne eſpèce d'hommes: Sa Majeſté s'eſt déterminée à lui donner une conſtitution plus ſolide & plus rapprochée de celle de ſon Infanterie, en réuniſſant pluſieurs bataillons pour en former des Régimens Provinciaux: Et voulant faire connoître ses intentions à ce sujet, a ordonné & ordonne ce qui suit :

ARTICLE PREMIER.

Le nom de Milice sera désormais abrogé & changé en celui de *Régimens Provinciaux;* celui de Milicien sera aussi changé en celui de *Soldat Provincial.*

2.

Le bataillon de Saint-Brieuc, de la province de Bretagne, sera supprimé.

Les cent quatre bataillons restans, formeront désormais quarante-sept Régimens Provinciaux, relativement à la force des généralités qui les fournissent; douze de ces régimens seront composés de trois bataillons chacun; trente-trois de deux bataillons, & deux d'un bataillon seulement, ainsi qu'il sera expliqué ci-après.

Les bataillons d'Amiens, de Péronne & d'Abbeville, formeront le premier régiment; il portera le nom de *Péronne*, & sera composé de trois bataillons.

Les bataillons de Châlons, Saint-Dizier & Mazarin, formeront le deuxième régiment; il portera le nom de *Châlons*, & sera composé de trois bataillons.

Les bataillons de Troyes & de Chaumont, formeront le troisième régiment; il portera le nom de *Troyes*, & sera composé de deux bataillons.

Les bataillons de Rouen, Vernon & Gisors, formeront le quatrième régiment; il portera le nom de *Rouen*, & sera composé de trois bataillons.

Les bataillons de Pont-Audemer & de Neufchâtel, formeront le cinquième régiment; il portera le nom de *Pont-Audemer*, & sera composé de deux bataillons.

Les bataillons de Caen, Saint-Lo & Vire, formeront le sixième régiment; il portera le nom de *Caen*, & sera composé de trois bataillons.

Les bataillons d'Alençon & de Mortagne, formeront le septième régiment; il portera le nom d'*Alençon*, & sera composé de deux bataillons.

Les bataillons d'Argentan & de Falaiſe, formeront le huitième régiment; il portera le nom d'*Argentan*, & ſera composé de deux bataillons.

Les bataillons de Moulins & de Montluçon, formeront le neuvième régiment; il portera le nom de *Moulins*, & ſera compoſé de deux bataillons.

Les bataillons de Clermont & de Brioude, formeront le dixième régiment; il portera le nom de *Clermont*, & ſera compoſé de deux bataillons.

Les bataillons de Lille & de Valenciennes, formeront le onzième régiment; il portera le nom de *Lille*, & ſera compoſé de deux bataillons.

Les bataillons de Figeac, Cahors & Rhodez, formeront le douzième régiment; il portera le nom de *Montauban*, & ſera compoſé de trois bataillons.

Les bataillons d'Auch, Saint-Gaudens & Saint-Sever, formeront le treizième régiment; il portera le nom d'*Auch*, & ſera compoſé de trois bataillons.

Les bataillons de Nerac & de Villeneuve-d'Agénois, formeront le quatorzième régiment; il portera le nom de *Bordeaux*, & ſera compoſé de deux bataillons.

Les bataillons de Marmande & de Libourne, formeront le quinzième régiment; il portera le nom de *Marmande*, & ſera compoſé de deux bataillons.

Les bataillons de Périgueux & de Bergerac, formeront le ſeizième régiment; il portera le nom de *Périgueux*, & ſera compoſé de deux bataillons.

Les bataillons de Poitiers, Saint-Maixent & Fontenay-le-comte, formeront le dix-ſeptième régiment; il portera le nom de *Poitiers*, & ſera compoſé de trois bataillons.

Les bataillons de Montbriſon & de Tarare, formeront le dix-huitième régiment; il portera le nom de *Lyon*, & ſera compoſé de deux bataillons.

Le bataillon de Saint-Jean-d'Angely, formera le dix-neuvième régiment; il portera le nom de la *Rochelle*, & ſera compoſé d'un ſeul bataillon.

Les bataillons de Tours, Saumur & Angers, formeront le vingtième régiment; il portera le nom de *Tours*, & ſera compoſé de trois bataillons.

Les bataillons du Mans & de Mayenne, formeront le

vingt-unième régiment; il portera le nom du *Mans*, & fera composé de deux bataillons.

Les bataillons de Valence & de Romans, formeront le vingt-deuxième régiment; il portera le nom de *Valence*, & fera composé de deux bataillons.

Le bataillon de la ville de Paris, formera le vingt-troisième régiment; il portera le nom de *Paris*, & fera composé d'un seul bataillon.

Les bataillons de Senlis & de Saint-Denys, formeront le vingt-quatrième régiment; il portera le nom de *Senlis*, & fera composé de deux bataillons.

Les bataillons de Mantes & de Corbeil, formeront le vingt-cinquième régiment; il portera le nom de *Mantes*, & fera composé de deux bataillons.

Les bataillons de Joigny & de Provins, formeront le vingt-sixième régiment; il portera le nom de *Joigny*, & fera composé de deux bataillons.

Les bataillons de Soissons, Laon & Noyon, formeront le vingt-septième régiment; il portera le nom de *Soissons*, & fera composé de trois bataillons.

Les bataillons de Limoges & d'Angoulême, formeront le vingt-huitième régiment; il portera le nom de *Limoges*, & fera composé de deux bataillons.

Les bataillons d'Orléans & de Blois, formeront le vingt-neuvième régiment; il portera le nom de *Blois*, & fera composé de deux bataillons.

Les bataillons de Chartres & de Montargis, formeront le trentième régiment; il portera le nom de *Montargis*, & fera composé de deux bataillons.

Les bataillons de Rennes & de Dinan, formeront le trente-unième régiment; il portera le nom de *Rennes*, & fera composé de deux bataillons.

Les bataillons de Nantes & de Redon, formeront le trente-deuxième régiment; il portera le nom de *Nantes*, & fera composé de deux bataillons.

Les bataillons de Vannes & de Carhaix, formeront le trente-troisième régiment; il portera le nom de *Vannes*, & fera composé de deux bataillons.

Les bataillons de Nanci & de Zarguemines, formeront le trente-quatrième régiment; il portera le nom de *Nanci*, & fera composé de deux bataillons.

Les bataillons de Bar-le-duc & d'Eſtaing, formeront le trente-cinquième régiment; il portera le nom de *Bar-le-duc*, & ſera compoſé de deux bataillons.

Les bataillons de Metz & de Verdun, formeront le trente-ſixième régiment; il portera le nom de *Verdun*, & ſera compoſé de deux bataillons.

Les premier & deuxième bataillons d'Arras, formeront le trente-ſeptième régiment; il portera le nom d'*Arras*, & ſera compoſé de deux bataillons.

Les bataillons de Bourges & de Châteauroux, formeront le trente-huitième régiment; il portera le nom de *Bourges*, & ſera compoſé de deux bataillons.

Les bataillons de Straſbourg & de Colmar, formeront le trente-neuvième régiment; il portera le nom de *Colmar*, & ſera compoſé de deux bataillons.

Les bataillons de Dijon & de Semur, formeront le quarantième régiment; il portera le nom de *Dijon*, & ſera compoſé de deux bataillons.

Les bataillons d'Autun, Challon-ſur-Saône & Bourg-en-Breſſe, formeront le quarante-unième régiment; il portera le nom d'*Autun*, & ſera compoſé de trois bataillons.

Les bataillons de Montpellier, Béziers & Carcaſſonne, formeront le quarante-deuxième régiment; il portera le nom de *Montpellier*, & ſera compoſé de trois bataillons.

Les bataillons d'Alby & de Caſtelnaudarry, formeront le quarante-troiſième régiment; il portera le nom d'*Alby*, & ſera compoſé de deux bataillons.

Les bataillons d'Anduſe & de Privas, formeront le quarante-quatrième régiment; il portera le nom d'*Anduſe*, & ſera compoſé de deux bataillons.

Les bataillons de Salins, Dôle & Lons-le-Saunier, formeront le quarante-cinquième régiment; il portera le nom de *Salins*, & ſera compoſé de trois bataillons.

Les bataillons de Véſoul & d'Ornans, formeront le quarante-ſixième régiment; il portera le nom de *Véſoul*, & ſera compoſé de deux bataillons.

Enfin, les premier & deuxième bataillons d'Aix, formeront le quarante-ſeptième régiment; il portera le nom d'*Aix*, & ſera compoſé de deux bataillons.

Lesdits régimens marcheront entr'eux, ainsi qu'ils sont dénommés ci-dessus, & avant les régimens d'Infanterie, créés depuis le 25 février 1726; époque de l'établissement des Milices, conformément à ce qui a été prescrit par l'Ordonnance du 27 novembre 1765.

3.

CHACUN des bataillons de ces quarante-sept régimens, sera composé de huit compagnies, dont une de Grenadiers-royaux, une de Grenadiers-provinciaux, & six de Fusiliers.

4.

CHAQUE compagnie de Grenadiers-royaux & de Grenadiers-provinciaux, sera commandée par un Capitaine, un Lieutenant & un second Lieutenant; & composée d'un Fourrier, deux Sergens, quatre Caporaux, quatre Appointés, quarante Grenadiers & un Tambour, faisant cinquante-deux hommes.

5.

CHAQUE compagnie de Fusiliers sera commandée par un Capitaine & un Lieutenant; & composée d'un Fourrier, trois Sergens, six Caporaux, six Appointés, trente-six Fusiliers & un Tambour, faisant cinquante-trois hommes.

6.

LES quatre Caporaux, les quatre Appointés & les quarante Grenadiers, formeront quatre escouades de douze hommes chacune, y compris le Caporal & l'Appointé, qui en seront les chefs continuels, l'Appointé étant subordonné au Caporal.

Les six Caporaux, les six Appointés & les trente-six Fusiliers, formeront six escouades de huit hommes chacune, dont un Caporal & un Appointé.

Les escouades des Grenadiers se formeront par files, & leur formation sera exécutée de la manière qui est prescrite pour les compagnies de Grenadiers de l'Infanterie, par les articles 21 & 22 de l'Ordonnance du 19 juin dernier.

Les eſcouades de Fuſiliers ſe formeront par rang, & les Fuſiliers ſeront placés dans les eſcouades par rang d'ancienneté; de ſorte que les ſix premiers Fuſiliers formeront la première eſcouade; les ſix qui les ſuivent, formeront la ſeconde, & ainſi des autres, conformément à ce qui a été réglé par les articles 8 & 9 de ladite Ordonnance du 19 juin dernier. Veut Sa Majeſté que les diſpoſitions contenues dans ladite Ordonnance, ſoient appliquées aux régimens de Grenadiers-royaux & régimens provinciaux, non-ſeulement pendant leur ſéjour dans les quartiers où ils ſeront aſſemblés, mais encore lorſqu'ils ſeront détachés ſur les frontières, ou employés dans les armées.

7.

L'ÉTAT-MAJOR de chacun des quarante-ſept régimens provinciaux, ſera composé d'un Colonel, un Lieutenant-colonel, un Major & d'autant d'Aides-major qu'il y aura de bataillons à chaque régiment; il ſera auſſi établi deux Enſeignes par bataillon.

8.

LES cent quatre compagnies de Grenadiers-royaux deſdits régimens, formeront onze régimens de Grenadiers-royaux.

L'État-major de chacun de ces régimens, ſera composé d'un Colonel, un Lieutenant-colonel, un Major & un Aide-major: ces régimens n'auront point de drapeaux; il y ſera établi pendant la guerre ſeulement, un Aumônier & un Chirurgien.

9.

LESDITS régimens de Grenadiers-royaux, ſeront composés des compagnies de Grenadiers-royaux ci-après:

Les trois compagnies du régiment d'Auch, les deux de celui de Bordeaux, les deux de celui de Marmande, les deux de celui de Périgueux, & celle du régiment de la Rochelle, formant dix compagnies, composeront le premier régiment, qui portera le nom de *régiment de Grenadiers-royaux de la Guyenne.*

Les trois compagnies du régiment de Tours, les trois de celui de Poitiers, les deux de celui du Mans, & les deux de celui de Limoges, formant dix compagnies, composeront le second régiment, qui portera le nom de *régiment de Grenadiers-royaux du Poitou.*

Les deux compagnies du régiment de Moulins, les deux de celui de Clermont, les deux de celui de Lyon, les deux de celui de Valence, & les deux de celui d'Aix, formant dix compagnies, composeront le troisième régiment, qui portera le nom de *régiment de Grenadiers-royaux du Dauphiné.*

Les deux compagnies du régiment de Senlis, les deux de celui de Mantes, les deux de celui de Joigny, celle du régiment de Paris, & les deux de celui de Lille, formant neuf compagnies, composeront le quatrième régiment, qui portera le nom de *régiment de Grenadiers-royaux de l'Isle de France.*

Les trois compagnies du régiment de Châlons, les deux de celui de Troyes, & les trois de celui de Soissons, formant huit compagnies, composeront le cinquième régiment, qui portera le nom de *régiment de Grenadiers-royaux du Soissonnois.*

Les deux compagnies du régiment d'Alençon, les deux de celui d'Argentan, les deux de celui de Blois, les deux de celui de Montargis, & les deux de celui de Bourges, formant dix compagnies, composeront le sixième régiment, qui portera le nom de *régiment de Grenadiers-royaux de l'Orléanois.*

Les deux compagnies du régiment de Rennes, les deux de celui de Nantes, les deux de celui de Vannes, & les trois de celui de Caen, formant neuf compagnies, composeront le septième régiment, qui portera le nom de *régiment de Grenadiers-royaux de la Bretagne.*

Les deux compagnies du régiment de Colmar, les deux de celui de Nanci, les deux de celui de Bar-le-duc, & les deux de celui de Verdun, formant huit compagnies, composeront le huitième régiment, qui portera le nom de *régiment de Grenadiers-royaux de la Lorraine.*

Les trois compagnies du régiment de Rouen, les deux de celui de Pont-Audemer, les trois de celui de Péronne, & les deux de celui d'Arras, formant dix compagnies, composeront le neuvième régiment, qui portera le nom de *régiment de Grenadiers-royaux de l'Artois.*

Les trois compagnies du régiment de Montauban, les trois de celui de Montpellier, les deux de celui d'Anduse, & les deux de celui d'Alby, formant dix compagnies, composeront le dixième régiment, qui portera le nom de *régiment de Grenadiers-royaux du Languedoc.*

Et les deux compagnies du régiment de Dijon, les trois de celui d'Autun, les trois de celui de Salins, & les deux de celui de Vésoul, formant dix compagnies, composeront le onzième régiment, qui portera le nom de *régiment de Grenadiers-royaux du comté de Bourgogne.*

Lesdits régimens de Grenadiers-royaux, précèderont tous les régimens Provinciaux, ainsi que tous autres régimens créés depuis le 25 février 1726; & le rang des Officiers entr'eux, tant des régimens de Grenadiers-royaux que des régimens Provinciaux, sera réglé par la date de leurs commissions, lettres ou brevets dans quelque Corps qu'ils aient servi; mais ceux qui auront une interruption volontaire de plus d'un an dans leur service, prendront rang seulement du jour qu'ils entreront dans lesdits régimens.

10.

L'HABIT des Officiers & Soldats desdits régimens de Grenadiers-royaux & régimens Provinciaux, sera, ainsi qu'il a été réglé par l'Ordonnance du 27 novembre 1765, de drap blanc, & aura des revers blancs; la veste & la culotte seront aussi de drap blanc; le collet & les paremens seront bleus; poche ordinaire avec quatre boutons, les deux du milieu plus rapprochés; six boutons aux revers, de deux en deux, quatre au-dessous de même; & quatre sur le parement, aussi de deux en deux; les boutons blancs, plats & unis, & le chapeau bordé d'argent.

Les boutons des Officiers & des Grenadiers des régimens de Grenadiers-royaux, seront également blancs, timbrés d'une grenade au milieu, goudronnés de cinq fleurs-de-lis à distances égales, & d'une chaînette intermédiaire.

Les Officiers de Grenadiers & les Grenadiers, auront une épaulette distinctive, savoir; ceux du régiment des Grenadiers-royaux de la Guyenne, une épaulette de couleur bleue; ceux du Poitou, de couleur rouge-garence; ceux du Dauphiné, de couleur violette; ceux de l'Isle de France, de couleur aurore; ceux du Soiſſonnois, de couleur bleue & blanche; ceux de l'Orléanois, de couleur verte; ceux de la Bretagne, de couleur noire; ceux de la Lorraine, de couleur rouge & blanche; ceux de l'Artois, de couleur jaune & blanche; ceux du Languedoc, de couleur rouge & noire; & ceux du comté de Bourgogne, de couleur verte & blanche.

11.

SA MAJESTÉ a bien voulu, pour le ſoulagement de ſes peuples, ſe porter, pour cette année, à une réduction conſidérable dans les compagnies de Fuſiliers, dans l'objet d'éviter une nouvelle levée, qu'il ſeroit néceſſaire de faire, pour mettre chaque bataillon au nombre fixé par l'Ordonnance du 27 novembre 1765, à laquelle Elle n'entend point cependant déroger à cet égard; & ſon intention eſt, que les hommes qui ont été levés en exécution de ſes Ordonnances des 27 novembre 1765, 20 novembre 1766, 22 novembre 1767 & 12 novembre 1768, ſoient aſſemblés, à commencer du 15 du mois de Septembre prochain, aux quartiers qui leur ſeront aſſignés, pour être employés à la formation deſdits régimens Provinciaux. Les hommes qui compoſeront leſdits régimens, ſeront aſſemblés pendant neuf jours; mais ceux qui ſe trouveront excédans à la compoſition, qui eſt réglée par la préſente Ordonnance, ſeront renvoyés du quartier d'aſſemblée, après y avoir paſſé trois jours, compris le jour d'arrivée & celui du départ, pour être rappelés l'année prochaine.

12.

SA MAJESTÉ donnera ſes ordres pour qu'il ſe trouve à l'avance aux lieux d'aſſemblée, des Commiſſaires des guerres pour y faire préparer les logemens & les ſubſiſtances néceſſaires, y recevoir & faire loger les Soldats provinciaux, à meſure qu'ils y arriveront, & à chacun deſquels ſeront délivrés l'habillement, l'équipement & l'armement, qui ſont dans les magaſins, où ces effets ſeront remis le jour de la ſéparation des régimens Provinciaux, ainsi que leurs drapeaux & les caisses des Tambours.

13.

SA MAJESTÉ sera rendre pareillement aux lieux d'assemblée, les Officiers qu'Elle aura choisis pour commander & pour être employés dans lesdits régimens; voulant que ceux qui en sont les chefs, s'emploient, conjointement avec les Commissaires des guerres, à former chaque compagnie, aussitôt l'arrivée des hommes; en observant de mettre de préférence, dans la même compagnie, ceux des Paroisses qui se trouveront le plus à portée les unes des autres, à l'exception des compagnies de Grenadiers-royaux & Grenadiers-provinciaux, qui doivent être complétées de ce qui se trouvera de meilleur, sans égard à l'arrondissement des communautés: Et comme Sa Majesté met le plus grand intérêt, à ce que les compagnies de Grenadiers-royaux soient composées des hommes les plus distingués, tant par la figure que par la taille; Elle autorise le Colonel, le Lieutenant-colonel ou le Major de chaque régiment de Grenadiers-royaux, à se trouver aux lieux d'assemblée des régimens Provinciaux, dont les compagnies de Grenadiers seront destinées pour leur régiment, afin de se concerter, même de procéder au choix des sujets qui devront composer ces compagnies.

14.

SA MAJESTÉ, en donnant ses ordres pour la suppression du corps des Grenadiers de France, a réglé en même temps que tous les Fourriers, Sergens, Caporaux, Appointés, Grenadiers & Tambours, qui avoient été tirés des régimens d'Infanterie qui ont été supprimés, ou des régimens de Grenadiers-royaux, seront incorporés dans les compagnies de Grenadiers-royaux de leur province; Elle les fera rendre à cet effet aux quartiers d'assemblée: Et son intention est que les Fourriers, Sergens, Caporaux & Appointés soient placés dans ces régimens suivant leur grade; Elle entend de même que ceux qui n'auront pu être nommés à des places de leur grade, prennent la tête des Grenadiers, & conservent, en attendant qu'ils puissent y passer, la solde qu'ils avoient comme bas Officiers, laquelle leur sera payée conformément à celle qui est réglée pour leur grade par la présente Ordonnance.

15.

SA MAJESTÉ voulant donner à ces Grenadiers incorporés, un témoignage particulier de la satisfaction qu'Elle a de leurs services : Son intention est que tous ceux qui seront dans le cas de jouir de la haute-paye qui est accordée aux anciens Soldats d'une partie de ses troupes par l'Ordonnance du 16 avril dernier, soient payés de celle qui leur sera réglée lors de la suppression du corps des Grenadiers de France, en conséquence de l'ancienneté de leurs services, & conformément à ladite Ordonnance; cette haute-paye ne sera susceptible d'aucune progression pendant la paix, mais elle leur sera payée toute l'année, soit que lesdits régimens soient assemblés, soit que les Grenadiers soient rentrés dans leurs Paroisses; Sa Majesté entend même qu'ils portent sur leur habit les marques distinctives que l'ancienneté de leurs services leur aura procurées, & que ceux qui auront obtenu la vétérance, emportent chez eux l'habit qui leur sera fourni aux régimens de Grenadiers-royaux; Sa Majesté se réserve au surplus de leur régler à l'échéance de l'engagement qu'ils avoient contracté dans le corps des Grenadiers de France, la solde dont ils devront jouir s'ils desirent se retirer chez eux, & d'accorder les Invalides à ceux qui seront dans le cas de mériter cette grâce.

16.

ET comme il peut arriver que quelques-uns des bas Officiers, Grenadiers & Tambours incorporés, soient rendus aux quartiers d'assemblée avant l'époque qui aura été fixée pour l'assemblée des régimens Provinciaux; l'intention de Sa Majesté est qu'ils y soient payés de leur solde, à commencer du jour de leur arrivée, laquelle se trouvera constatée par la route de Sa Majesté, qui les aura conduits audit quartier d'assemblée.

17.

LES régimens Provinciaux, après avoir passé neuf jours aux quartiers d'assemblée, seront séparés, & les Grenadiers-provinciaux & Fusiliers renvoyés chez eux; mais Sa Majesté entend qu'avant cette séparation, la compagnie de Grenadiers-royaux soit tirée de chaque bataillon, pour être employée à la formation des régimens de Grenadiers-royaux, suivant la distribution qui en a été réglée par la présente Ordonnance. Sa Majesté donnera ses ordres pour faire rendre lesdites compagnies de Grenadiers-royaux dans les villes qui seront désignées pour leur assemblée, où elles demeureront vingt-un jours; après lesquels, lesdites compagnies retourneront au quartier d'assemblée de leur bataillon, pour remettre aux magasins leur habillement, leur équipement & leur armement; lesdits effets étant déposés, les Grenadiers partiront le lendemain de leur arrivée audit quartier, pour retourner dans leurs paroisses.

18.

L'INTENTION de Sa Majesté est qu'il soit dressé par les Commissaires des guerres, des procès-verbaux de la composition des régimens de Grenadiers-royaux & régimens Provinciaux, dont il sera envoyé des doubles au Secrétaire d'État ayant le département de la guerre; Elle entend en même temps, que ceux qui seront chargés de la police de ces derniers régimens, joignent à leurs procès-verbaux, des contrôles nominatifs, par compagnie, dans lesquels seront désignés le signalement exact de chaque homme, son âge & le lieu d'où il est, avec le nom de la subdélégation; ils enverront aussi un contrôle particulier des Soldats provinciaux qui se seront rendus aux quartiers d'assemblée, & qui ne seront pas entrés dans la composition desdits régimens.

19.

L'INTENTION de Sa Majesté est que pendant l'assemblée,

tant des régimens de Grenadiers-royaux que des régimens Provinciaux, il soit fait plusieurs fois des revues d'appel par les Commissaires des guerres, lesquelles seront terminées par une revue de subsistance : Ordonne aussi Sa Majesté que lesdits régimens soient exercés au moins une fois par jour, & formés au maniement des armes.

20.

LES appointemens & solde des régimens de Grenadiers-royaux & de Grenadiers-provinciaux, leur seront payés pendant le temps qu'ils seront employés, sur le pied;

SAVOIR:

OMPAGNIES RENADIERS-ROYAUX.	EN GARNISON.			EN CAMPAGNE.		
	Par jour.	Par mois.	Par an.	Par jour.	Par mois.	Par an.
Capitaine, quatre livres ur en garnison, & cinq onze sous un denier un en campagne, ci....	4l 〃s 〃d	120l 〃s 〃d	1400.	5l 11s 1d 1/3	166l 13s 4d	2000.
Lieutenant, une livre sous par jour en gar-, & deux liv. dix sous mpagne, ci........	1. 16. 〃	54. 〃 〃	648.	2. 10. 〃	75. 〃 〃	900.
e Second Lieutenant, ivre six sous huit den. ur en garnison, & une treize sous quatre den. mpagne, ci........	1. 6. 8	40. 〃 〃	480.	1. 13. 4	50. 〃 〃	600.
Fourrier, treize sous e deniers par jour en son, & treize sous huit rs en campagne, ci...	〃 13. 4	20. 〃 〃	240.	〃 13. 8	20. 10. 〃	246.
aque Sergent, douze quatre deniers par jour rnison, & douze sous len. en campagne, ci..	〃 12. 4	18. 10. 〃	222.	〃 12. 8	19. 〃 〃	228.
aque Caporal, huit sous en. par jour en garnison, f sous en campagne, ci	〃 8. 8	13. 〃 〃	156.	〃 9. 〃	13. 10. 〃	162.
haque Appointé, sept uit deniers par jour en on, & huit sous en agne, ci.........	〃 7. 8	11. 10. 〃	138.	〃 8. 〃	12. 〃 〃	144.

	EN GARNISON.							EN CAMPAGNE.						
	Par jour.			Par mois.			Par an.	Par jour.			Par mois.			Par an.
Chaque Grenadier-royal, six sous huit deniers par jour en garnison, & sept sous en campagne, ci..........	″l	6s	8d	10l	″s	″d	120l	″l	7s	″d	10l	10s	″d	126l
Le Tambour, huit sous huit den. par jour en garnison, & neuf sous en campagne, ci	″	8.	8	13.	″	″	156.	″	9.	″	13.	10.	″	162.
COMPAGNIES DE GRENADIERS-PROVINCIAUX.														
Le Capitaine, trois livres dix sous par jour en garnison, & quatre liv. trois sous quatre deniers en campagne, ci...	3.	10.	″	105.	″	″	1260.	4.	3.	4	125.	″	″	1500.
Le Lieutenant, une livre dix sous par jour en garnison, & une livre treize sous quatre deniers en campagne, ci...	1.	10.	″	45.	″	″	540.	1.	13.	4	50.	″	″	600.
Le Second Lieutenant, une livre cinq sous par jour en garnison, & une livre dix sous en campagne, ci....	1.	5.	″	37.	10.	″	450.	1.	10.	″	45.	″	″	540.
Le Fourrier, douze sous quatre deniers par jour en garnison, & douze sous huit den. en campagne, ci.....	″	12.	4	18.	10.	″	222.	″	12.	8	19.	″	″	228.
Chaque Sergent, onze sous quatre deniers par jour en garnison, & onze sous huit deniers en campagne, ci...	″	11.	4	17.	″	″	204.	″	11.	8	17.	10.	″	210.
Chaque Caporal, sept sous huit den. par jour en garnison, & huit sous en campagne, ci	″	7.	8	11.	10.	″	138.	″	8.	″	12.	″	″	144.
Chaque Appointé, six sous huit den. par jour en garnison, & sept sous en campagne, ci	″	6.	8	10.	″	″	120.	″	7.	″	10.	10.	″	126.
Chaque Grenadier-provincial, cinq sous huit den. par jour en garnison, & six sous en campagne, ci....	″	5.	8	8.	10.	″	102.	″	6.	″	9.	″	″	108.
Le Tambour, sept sous huit den. par jour en garnison, & huit sous en campagne, ci	″	7.	8	11.	10.	″	138.	″	8.	″	12.	″	″	144.
COMPAGNIES DE FUSILIERS.														
Le Capitaine, trois livres														

	EN GARNISON.							EN CAMPAGNE.						
	Par jour.			Par mois.			Par an.	Par jour.			Par mois.			Par an.
nq sous par jour en garison, & trois livres six sous uit den. en campagne, ci. .	3 l.	5 s.	// d.	97 l.	10 s.	// d.	1170 l.	3 l.	6 s.	8 d.	100 l.	// s.	// d.	1200 l.
Le Lieutenant, une livre x sous huit deniers par jour 1 garnison, & une livre dix ous en campagne, ci.	1.	6.	8	40.	//	//	480.	1.	10.	//	45.	//	//	540.
Le Fourrier, douze sous uatre deniers par jour en arnison, & douze sous huit en. en campagne, ci. . . .	//	12.	4	18.	10.	//	222.	//	12.	8	19.	//	//	228.
Chaque Sergent, onze sous uatre deniers par jour en arnison, & onze sous huit en. en campagne, ci. . . .	//	11.	4	17.	//	//	204.	//	11.	8	17.	10.	//	210.
Chaque Caporal, sept sous uit den. par jour en garnison, & huit sous en campagne, ci...	//	7.	8	11.	10.	//	138.	//	8.	//	12.	//	//	144.
Chaque Appointé, six sous uit den. par jour en garnison, sept sous en campagne, ci...	//	6.	8	10.	//	//	120.	//	7.	//	10.	10.	//	126.
Chaque Fusilier, cinq sous uit den. par jour en garnison, six sous en campagne, ci...	//	5.	8	8.	10.	//	102.	//	6.	//	9.	//	//	108.
Le Tambour, sept sous uit den. par jour en garnison, huit sous en campagne, ci...	//	7.	8	11.	10.	//	138.	//	8.	//	12.	//	//	144.
***ÉTAT-MAJOR** des Régimens E GRENADIERS-ROYAUX.*														
Le Colonel de chaque R.nt de Grenadiers-royaux, uit livres six sous huit den. r jour en garnison, & seize vres treize sous quatre den. n campagne, ci.	8.	6.	8	250.	//	//	3000.	16.	13.	4	500.	//	//	6000.
Le Lieutenant-colonel, x livres dix-huit sous dix eniers deux tiers en garnison, treize livres dix-sept sous euf deniers un tiers en campagne, ci.	6.	18.	10⅔	208.	6.	8	2500.	13.	17.	9⅓	416.	13.	4	5000.
Le Major, cinq liv. onze ous un denier un tiers par our en garnison, & onze														

	EN GARNISON.			EN CAMPAGNE.		
	Par jour.	Par mois.	Par an.	Par jour.	Par mois.	Par an
livres deux ſous deux deniers deux tiers en campagne, ci...	5^{l} $11^{ſ}$ $1^{d}\frac{1}{3}$	166^{l} $13^{ſ}$ 4^{d}	2000^{l}	11^{l} $2^{ſ}$ $2^{d}\frac{2}{3}$	333^{l} $6^{ſ}$ 8^{d}	4000^{l}
L'Aide-major, trois livres par jour en garniſon, & quatre livres trois ſous quatre deniers en campagne, ci........	3. // //	90. // //	1080.	4. 3. 4	125. // //	1500.
L'Aumônier qui ſera attaché à chaque régiment en campagne, aura une livre ſept ſous neuf deniers un tiers par jour, ci.............	....	....	.....	1. 7. $9\frac{1}{3}$	41. 13. 4	500.
Le Chirurgien qui ſera employé pour le même temps, une livre ſept ſous neuf den. un tiers par jour, ci......	....	....	.....	1. 7. $9\frac{1}{3}$	41. 13. 4	500.
ÉTAT-MAJOR *des* *RÉGIMENS PROVINCIAUX.*						
Le Colonel de chaque régiment Provincial, cinq livres onze ſous un denier un tiers par jour en garniſon, & onze livres deux ſous deux deniers deux tiers en campagne, ci.............	5. 11. $1\frac{1}{3}$	166. 13. 4	2000.	11. 2. $2\frac{2}{3}$	333. 6. 8	4000
Le Lieutenant-colonel, ſix livres treize ſous quatre deniers par jour en garniſon, & dix liv. en campagne, ci...	6. 13. 4	200. // //	2400.	10. // //	300. // //	3600.
Le Major, cinq livres par jour en garniſon, & ſix liv. treize ſous quatre deniers en campagne, ci..........	5. // //	150. // //	1800.	6. 13. 4	200. // //	2400.
Chaque Aide-major, deux livres dix ſous par jour en garniſon, & trois liv. ſix ſous huit den. en campagne, ci...	2. 10. //	75. // //	900.	3. 6. 8	100. // //	1200.
Chaque Enſeigne, une livre par jour en garniſon, & une livre cinq ſous en campagne, ci..........	1. // //	30. // //	360.	1. 5. //	37. 10. //	450.

21.

LESDITS régimens ſeront payés des appointemens &

solde ci-dessus réglés, pendant le temps de leur assemblée; & le décompte leur sera fait des gratifications qui leur ont été accordées par les articles 30, 32 & 46 de l'Ordonnance du 27 novembre 1765, tant pour aller aux quartiers d'assemblée, que pour s'en retourner chez eux, à l'effet de les dédommager de leurs frais de voyages; les hommes qui se trouveront excéder la composition qui a été prescrite, participeront à ces gratifications, & ils seront payés de leur solde pendant les trois jours qu'ils resteront aux quartiers d'assemblée.

Voulant au surplus Sa Majesté, que la paye de campagne ne soit donnée qu'à ceux desdits régimens qui serviront en campagne, à commencer du jour de leur arrivée à l'armée jusqu'à celui de leur départ de l'armée, & que ceux qui demeureront en garnison pendant la guerre, ne touchent que la paye réglée en garnison.

22.

L'ARTICLE 47 de ladite Ordonnance du 27 novembre 1765, aura son exécution, eu égard à la petite solde qui est réglée par jour, pendant le temps que les régimens seront dispersés à l'avenir dans les provinces, aux Fourriers, Sergens, Caporaux, Appointés, Grenadiers & Tambours des compagnies de Grenadiers-royaux, & aux Fourriers & Sergens des compagnies de Grenadiers-provinciaux & de Fusiliers; mais le décompte ne leur sera point fait à cette assemblée-ci, n'ayant encore fait aucun service.

23.

LES Officiers qui doivent composer l'État-major des régimens de Grenadiers-royaux & des régimens Provinciaux, seront payés toute l'année des appointemens qui sont fixés en garnison, à commencer seulement du jour qu'ils seront assemblés, ne devant point avoir part à la gratification qui leur avoit été réglée, pour les dédommager des frais de voyage; mais Sa Majesté entend que pendant le temps que lesdits régimens resteront dans les provinces, il ne soit payé qu'un mois d'appointemens aux Capitaines, Lieutenans & seconds Lieutenans des compagnies de Grenadiers-royaux & provinciaux, de même qu'aux Capitaines seulement des compagnies de Fusiliers; dérogeant à cet égard, Sa Majesté, à l'article 36 de l'Ordonnance du 27 novembre 1765.

24.

LORSQU'IL vaquera quelqu'emploi dans lesdits régimens de Grenadiers-royaux & provinciaux, il y sera pourvu sur les mémoires qui seront adressés à cet effet au Secrétaire d'État ayant le département de la guerre, par les Colonels desdits régimens; se réservant néanmoins Sa Majesté d'en disposer, ainsi qu'Elle le jugera à propos: Voulant que lorsqu'il viendra à vaquer des Majorités dans les régimens Provinciaux, elles soient données par préférence à ceux des Capitaines de Grenadiers-royaux, de qui il sera rendu les meilleurs témoignages, lesquelles Majorités, ils ne pourront prendre pendant la guerre, qu'après la campagne finie.

Sa Majesté étant au surplus dans l'intention de n'employer dans lesdits régimens, que des sujets dont le zèle & les talens seront connus, Elle se fera rendre compte de la conduite de ceux qui les composeront, & de leur exactitude à remplir leur devoir.

25.

L'ARTICLE 25 de l'Ordonnance du 27 novembre 1765, qui règle le temps du service à six années, la peine des galères contre ceux qui s'absenteront sans congé de la troupe dont ils seront, & dix années au-delà du terme de leur engagement, à ceux qui ne se rendront pas au quartier d'assemblée ou qui en déserteront, aura son entière exécution; mais comme les Soldats n'avoient point encore été assemblés, Sa Majesté veut bien se porter, pour cette fois-ci seulement, à n'exiger qu'un service de deux ans au-delà de leur engagement, de ceux qui jusqu'à la publication de la présente Ordonnance, auront déserté pour s'engager dans les Troupes de Sa Majesté, & d'où ils vont être tirés en conséquence des ordres qu'Elle a donnés à ce sujet, pour être rendus à leur bataillon.

26.

Les Grenadiers, Soldats & Tambours des régimens Provinciaux, auront la liberté d'aller travailler où ils voudront, pendant que leurs bataillons ne seront pas assemblés; à la charge de se représenter toutes les fois que Sa Majesté jugera convenable au bien de son service, d'indiquer une nouvelle assemblée; à l'effet de quoi ils seront tenus de déclarer l'endroit où ils voudront aller, aux Maire, Échevins, Consuls, Syndics ou Marguilliers de leur paroisse, qui leur en délivreront une permission par écrit, laquelle leur servira de passeport dans les différens lieux du royaume qu'ils auront à traverser: lesdits Maire & Échevins seront tenus d'en donner avis au Major du régiment.

27.

L'intention de Sa Majesté est que lesdits régimens de Grenadiers-royaux & provinciaux soient assemblés de nouveau au mois de Mai de l'année prochaine.

28.

Sa Majesté toujours occupée du desir de ménager ses peuples, ne fera point cette année, de nouvelle levée de Soldats provinciaux; mais lorsque ceux qui ont été levés en 1766, auront accompli le terme de leur service, Elle leur fera donner leur congé absolu, & fera connoître ses intentions sur le remplacement des Soldats congédiés, lequel sera fait de la manière la plus favorable pour ses peuples, & sur-tout ceux de la campagne, qui méritent toute sa protection.

Veut au surplus Sa Majesté, que ses Ordonnances précédentes, & notamment celle du 27 novembre 1765, concernant les Milices, auxquelles Elle n'entend déroger qu'en ce qui se trouvera contraire à la présente, soient exécutées selon leur forme & teneur.

MANDE & ordonne Sa Majeſté aux Gouverneurs & ſes Lieutenans généraux en ſes provinces, au Lieutenant général de police de la ville de Paris, pour ce qui concerne le régiment de ladite ville, aux Intendans des provinces du royaume, de s'employer, chacun à leur égard, à l'exacte obſervation & exécution de la préſente ordonnance : Ordonne auſſi Sa Majeſté aux Gouverneurs & Commandans de ſes villes & places, aux Commiſſaires des guerres, & à tous Baillis, Sénéchaux, Prevôts, Juges, leurs Lieutenans & autres ſes Officiers qu'il appartiendra, de tenir la main à ladite exécution. FAIT à Compiegne le quatre août mil ſept cent ſoixante-onze. *Signé* LOUIS. *Et plus bas*, MONTEYNARD.

Retournez aux 2 Ord.ces passées, qui devraient être placées après celle-ci

A PARIS,
DE L'IMPRIMERIE ROYALE.

M. DCCLXXI.

www.ingramcontent.com/pod-product-compliance
Lightning Source LLC
LaVergne TN
LVHW052033160826
845678LV00003B/1313

9782329633312